Inhalt

Gesetz zur Förderung der Steuerehrlichkeit (Teil II)

Kernthesen

Beitrag

Fallbeispiele

Weiterführende Literatur

Impressum

Gesetz zur Förderung der Steuerehrlichkeit (Teil II)

A.Kaindl

Kernthesen

- Am 1. April 2005 trat der zweite Teil des Gesetzes zur Förderung der Steuerehrlichkeit in Kraft. Dieses Gesetz ermächtigt Finanzämter und andere Behörden elektronisch innerhalb kürzester Zeit sämtliche Konten und Depots eines Bürgers in Deutschland abzufragen.
- Der im März 2005 vom Finanzministerium versendete Anwendungserlass zu diesem Gesetz stellt klar, dass das Gesetz sehr zurückhaltend gehandhabt werden soll.
- Das Gesetz wurde von verschiedenen Seiten

stark kritisiert. Derzeit sind beim Bundesverfassungsgericht zwei Verfassungsbeschwerden anhängig. Mit einer Entscheidung wird nicht vor 2006 gerechnet.

Beitrag

Regelungen des Gesetzes

Das Gesetz zur Förderung der Steuerehrlichkeit ist in der Folge der Terroranschläge vom 11. September 2001 beschlossen worden und soll neben der Jagd auf Steuerhinterzieher auch dem Kampf gegen Geldwäsche dienen. Nach dem Gesetz, dessen zweiter Teil am 1. April 2005 in Kraft trat, können Finanzämter und andere Behörden, wie Sozialämter, Bafög-Stellen und Arbeitsagenturen, künftig elektronisch innerhalb kürzester Zeit sämtliche Konten und Depots eines Bürgers in Deutschland beim Bundesamt für Finanzen abfragen. Sie bekommen Kontonummer, -inhaber, -bevollmächtigte und die Adresse sowie das Eröffnungs- oder Auflösungsdatum mitgeteilt; den Kontostand und die Kontenbewegungen dagegen erfahren die Ämter zunächst nicht. Handelt es sich um ein Konto, das der Steuerzahler oder Wohngeld-Empfänger verschwiegen hat oder besteht der Verdacht auf Steuerhinterziehung, können die Beamten beim Kreditinstitut gezielt nach dem Kontostand und Geldbewegungen fragen, falls der Betroffene trotz Rückfragen nicht mit den Behörden kooperiert. (Erster Teil des Gesetzes, siehe Knowledge Summery Spekulationssteuer / Abgeltungssteuer) (1), (2), (3), (4)

In den Bundesländern sollen jeweils zentrale Finanzämter bestimmt werden, über die die Abfrage beim Bundesamt für Finanzen läuft. Das Bundesamt betreibt die Kontenevidenzzentrale mit den Informationen von den Banken. An die zentralen Finanzämter sollen sich auch andere Ämter mit ihren Abfragewünschen wenden. Dabei geht es vor allem um die Bankkonten von Sozialhilfe- oder Wohngeldempfängern. (2)

Der vom Parlament beschlossene Gesetzeswortlaut sieht eine Information der Betroffenen über eine geplante bzw. erfolgte Kontenabfrage nicht vor, womit der Vorgang gerichtlich nicht überprüfbar ist. Zudem soll jeder Sachbearbeiter in einer Behörde selbständig entscheiden können, wann er eine Kontenabfrage für erforderlich hält. Selbst die beteiligten Banken bekommen von dem Kontenabruf nichts mit: Sie müssen dem Staat über eine Online-Schnittstelle den Zugriff auf die so genannten Stammdatensätze all ihrer Kunden ermöglichen. Was dann wann abgefragt wird, können die Institute nicht nachvollziehen. (4), (5), (10)

Gründe für die Verabschiedung des Gesetzes

Bisher waren Kontenabfragen nur der Bundesanstalt für Finanzdienstleistungsaufsicht erlaubt, wenn ein Verdacht auf Geldwäsche oder unerlaubte Bankgeschäfte bestand. Auch auf Ersuchen von Polizei, Staatsanwaltschaften oder Gerichten nahm die Bankenaufsicht Einblick. Das Finanzministerium begründet das neue Gesetz mit dem Argument, Steuerhinterziehung und Steuerunehrlichkeit dürften nicht auf dem Rücken ehrlicher Steuerzahler ausgetragen werden. Der Kontenabruf soll für mehr Steuergerechtigkeit sorgen und dem Staat zugleich die ihm zustehenden Einnahmen sichern. Mit der neuen Regelung werden laut dem Ministerium zudem Vorgaben des Bundesverfassungsgerichts umgesetzt. Die Karlsruher Richter haben schon mehrmals Maßnahmen angemahnt, die eine Gleichbehandlung der Bürger garantieren nicht nur beim Festsetzen einer Steuer, sondern auch beim Durchsetzen. (1), (5), (8)

Konkretisierung des Gesetzes im Rahmen eines Anwendungserlasses

Aufgrund massiver Kritik und verfassungsrechtlicher Bedenken, auch auf Seiten der Regierung, sowie einem beim Bundesverfassungsgericht eingereichten Eilantrag auf eine einstweilige Anordnung hat das Bundesfinanzministerium am 10. März 2005 einen Anwendungserlass an die Finanzbehörden verschickt. Mit diesem Schreiben stellt das Ministerium klar, wie das am 1. April 2005 in Kraft getretene Gesetz gehandhabt werden soll: nämlich äußerst zurückhaltend. (4), (5)

Der Kontenabruf kann erfolgen, wenn die Nachfrage des Finanzamtes beim Steuerpflichtigen nicht zum Ziel geführt hat oder keinen Erfolg verspricht. Der Abruf stehe im Ermessen der Finanzbehörde, könne nur anlassbezogen und zielgerichtet sein. Zu befolgen seien die Grundsätze der Gleichmäßigkeit der Besteuerung, der Erforderlichkeit, der Zumutbarkeit, der Billigkeit von Treu und Glauben sowie das Willkürverbot und das Übermaßverbot. Der Kontenabruf ist auch bei Anderkonten von Rechtsanwälten und anderen Berufsgeheimnisträgern zulässig. Die Beteiligten selbst sollen Gelegenheit haben, Auskunft zu geben, es sei denn, der Ermittlungszweck werde dadurch gefährdet. Entdeckt das Finanzamt nicht genannte Konten, ist der Betroffene darüber ebenso zu informieren wie in dem Fall, in dem sich das Ergebnis mit den Angaben des Betroffenen deckt. Das bedeutet, die betroffenen Bürger müssen auf die Möglichkeit einer Kontenabfrage vorab hingewiesen und über den Vollzug im Nachhinein informiert werden. (6), (11)

Die Sachbearbeiter müssen nun schriftlich begründen, warum sie eine Kontenabfrage für erforderlich halten. Zudem brauchen sie die Unterschrift eines Vorgesetzten. Durch diese Dokumentation ist sichergestellt, dass die Kontenabfragen einer Plausibilitätskontrolle unterliegen und gerichtlich nachgeprüft werden können. (4), (5)

Kritik am Gesetz

Der Karlsruher Anwalt und Strafrechtsprofessor Gunter Widmaier vertritt die Auffassung, dass das Gesetz das Grundrecht auf informationelle Selbstbestimmung und zugleich das Grundrecht auf effektiven Rechtsschutz verletzt. Deshalb hat er zwei

Verfassungsbeschwerden beim Bundesverfassungsgericht eingereicht, über die das Gericht noch zu entscheiden hat. (1)

Das Gesetz zur Förderung der Steuerehrlichkeit müsse geändert werden, verlangt der Präsident des Bunds der Steuerzahler, Karl Heinz Däke. Das Steuergeheimnis sei das wichtigste Schutzrecht des Steuerzahlers. Deshalb sei es skandalös, dass dieses Recht und das Bankgeheimnis in bisher nie da gewesener Weise ausgehebelt würden. Zwar ist es notwendig, dass der Staat Steuerzahlungen überprüft und Betrug bekämpft, es müsse aber der Grundsatz der Verhältnismäßigkeit gelten. Däke forderte den Bundestag auf, das automatisierte Kontenabrufverfahren ganz auszusetzen, bis die Zugriffsbefugnis präzisiert, wirksamere Kontrollinstanzen geschaffen und die datenschutzrechtlichen Bedenken vollständig ausgeräumt seien. (7)

Ablehnung des Eilantrages durch das Bundesverfassungsgericht

Das Bundesverfassungsgericht hat den Eilantrag im März 2005 abgewiesen. Deshalb kann das Gesetz zur Förderung der Steuerehrlichkeit, das Finanzämtern und anderen Behörden den Zugriff auf etwa 500 Millionen Konten in Deutschland ermöglicht, wie geplant am 1. April 2005 in Kraft treten. Der Beschluss aus Karlsruhe betraf den Eilantrag. Hierbei wägt das Gericht nur ab, was schlimmer ist: wenn das Gesetz in Kraft tritt und sich später als verfassungswidrig erweist oder wenn es gestoppt wird und sich als verfassungskonform herausstellt. Das Hauptverfahren über die Verfassungsbeschwerden steht noch bevor. Bei ihrer Entscheidung erkannten die Richter das Bedürfnis des Gesetzgebers an, Steuerlasten und Sozialleistungen gerechter zu verteilen. Würde das Gesetz im Eilverfahren verhindert, so würde Verwaltung und Gerichten ein Instrument zur Tatsachenermittlung vorenthalten, das zum gleichmäßigen Vollzug von Abgaben- und Sozialleistungsgesetzen beitragen soll. Gleichzeitig aber betont das Gericht, dass der Ausgang der eigentlichen Verfassungsbeschwerden völlig offen sei, da sie weder von vornherein unzulässig noch offensichtlich unbegründet seien. Die möglichen Mängel des Gesetzes würden aber durch den Anwendungserlass derart abgemildert, dass eine einstweilige Anordnung durch das Bundesverfassungsgericht vor der Entscheidung über die Verfassungsbeschwerden nicht geboten sei. (4), (5)

Gesetz zur Förderung der Steuerehrlichkeit (Teil I)

Mit dem neuen Gesetz wird es eng für Steuerhinterzieher. Daher hat ihnen die Regierung die so genannte Brücke zur Steuerehrlichkeit in Form eines Amnestiegesetzes gebaut. Es trat am 1. Januar 2004 in Kraft und gilt bis zum 31. März 2005, also bis zum geplanten Start des neuen Kontrollgesetzes. Steuersünder können dabei hinterzogene Beträge mit einer pauschalen Steuer abgelten und gehen dafür straffrei aus. Dies kann für viele sinnvoll sein, zumal die Behörden zukünftig auch über Konten im Ausland Informationen erhalten. 22 der 24 EU-Staaten werden ab Mitte des Jahres 2005 Daten über Zinseinkünfte austauschen. Das Finanzamt bekommt dann automatisch eine Nachricht, wie viele Zinsen ein Steuerbürger im EU-Ausland eingenommen hat. Ausgenommen hiervon sind nur Österreich und Luxemburg, auch die Schweiz schließt sich dem Informationssystem nicht an. Im Gegenzug haben sich jedoch alle drei Länder verpflichtet, eine Quellensteuer auf Zinsen zu erheben. (siehe auch Knowledge Summery: Spekulationssteuer / Abgeltungssteuer) (1)

Fallbeispiele

Der Chef der Steuergewerkschaft Ondracek glaubt, dass das neue Gesetz nur sehr sporadisch zur Anwendung kommen wird, bspw. bei der Vorbereitung von Betriebsprüfungen oder ähnlichen Vorgängen. Er rechnet mit ca. 500 Fällen pro Jahr. Allerdings erhielt die Bundesanstalt für Finanzdienstleistungsaufsicht, an die sich bisher die Behörden im Verdachtsfall wenden mussten, im vergangenen Jahr allein 6 000 Kontoabfragen von Steuerfahndern. (1)

Der Bundesfinanzminister hatte sich durch das am 1. April 2004 in Kraft getretene Amnestiegesetz für Steuersünder nachträgliche Einnahmen in Höhe von fünf Milliarden Euro erhofft. Doch seine Schätzung musste er im Laufe des Jahres 2004 mehrmals nach unten revidieren. Bis zum 31. Dezember 2004 gingen gerade einmal 901,7 Millionen Euro bei den Finanzämtern ein. Die Einnahmen im Januar 2005 lagen bei etwa hundert Millionen Euro. Als Ursache sieht der Hauptgeschäftsführer des Bundesverbandes Deutscher Banken die Ungewissheit über die zukünftige Besteuerung. Ursprünglich sollte mit der Amnestie eine Neuregelung der Kapitalbesteuerung eingeführt werden, doch das wurde nicht umgesetzt. (9), (12)

Weiterführende Literatur

(1) Stocker, Frank, Der gläserne Bankkunde, Welt am Sonntag vom 20.02.2005, Nr. 8, S. 37
aus Versicherungswirtschaft, 1.2.2005, 60.Jg., Nr. 03, S. 181

(2) Kontenabfrage kann Anfang April starten
Probleme mit Technik und Ämtern sind gelöst
aus Financial Times Deutschland vom 24.02.2005, Seite 11

(3) Regierung streitet über gläsernen Bankkunden
aus Süddeutsche Zeitung, 21.02.2005, Ausgabe Deutschland, S. 23

(4) Eine Sache der Abwägung
aus Süddeutsche Zeitung, 24.03.2005, Ausgabe Deutschland, S. 7

(5) Gesetz unter Vorbehalt
aus Süddeutsche Zeitung, 24.03.2005, Ausgabe Deutschland, S. 4

(6) Berlin konkretisiert Kontenabrufverfahren
Betroffene müssen im Anschluss informiert werden
aus Börsen-Zeitung, 12.03.2005, Nummer 50, Seite 3

(7) Rot-Grün verteidigt Kontenabrufverfahren Bund der Steuerzahler dringt auf Gesetzesänderung
aus Börsen-Zeitung, 16.02.2005, Nummer 32, Seite 4

(8) Angst vor neugierigen Beamten
aus Süddeutsche Zeitung, 16.02.2005, Ausgabe Deutschland, S. 30

(9) Eichels Beichtstunde läuft ab
aus Süddeutsche Zeitung, 10.02.2005, Ausgabe Deutschland, S. 2

(10) O.V., Abschaffung des Bankgeheimnisses, Chancen für Verfassungsbeschwerde steigen, Spiegel Online vom 09.02.2005
aus Süddeutsche Zeitung, 10.02.2005, Ausgabe Deutschland, S. 2

(11) Ende offen
aus Börsen-Zeitung, 24.03.2005, Nummer 58, Seite 1

(12) Ziegert, Susanne, Deutschland will den gläsernen Bankkunden, Ein neues Gesetz erlaubt den Steuerbehörden den totalen und uneingeschränkten Blick ins Bankkonto, Neue Züricher Zeitung vom 13.03.2005, Nr. 11, S. 47
aus Börsen-Zeitung, 24.03.2005, Nummer 58, Seite 1

Impressum

Gesetz zur Förderung der Steuerehrlichkeit (Teil II)

Bibliografische Information der deutschen Nationalbibliothek

Die Deutsche Nationalbibliothek verzeichnet diese Publikation in der deutschen Nationalbibliografie; detaillierte bibliografische Daten sind im Internet über http://dnb.d-nb.de abrufbar.

ISBN: 978-3-7379-1326-3

© 2015 GBI-Genios Deutsche Wirtschaftsdatenbank GmbH, Freischützstraße 96, 81927 München, www.genios.de

Alle Rechte vorbehalten. Dieses Werk ist einschließlich aller seiner Teile – z.B. Texte, Tabellen und Grafiken - urheberrechtlich geschützt. Jede Verwertung außerhalb der Grenzen des Urheberrechtsgesetzes bedarf der vorherigen Zustimmung des Verlags. Dies gilt insbesondere auch für auszugsweise Nachdrucke, fotomechanische Vervielfältigungen (Fotokopie/Mikroskopie), Übersetzungen, Auswertungen durch Datenbanken oder ähnliche Einrichtungen und die Einspeicherung und Verarbeitung in elektronischen Systemen.